Adolf Hitler

–

Eine zen-buddhistische Betrachtung

Zu diesem Buch

Über kaum einen Menschen wurde soviel geschrieben wie über Adolf Hitler. Auch Ralf Scherer wagt einen Blick auf ihn, einen Blick aus der Sicht des Zen-Buddhismus. Er verweist auf Parallelen in Hitlers Umgang mit den Dualen, dem Rechten und dem Linken, dem Bürgertum und dem Proletariat, dem Nationalismus und dem Sozialismus, der in der Überwindung der Duale dann auch seinen Ausdruck in dem Namen Nationalsozialismus findet.

Über den Autor

Ralf Scherers Wahrnehmung änderte sich durch die Arbeit mit dem Kôan Mu, dem paradoxen Rätsel des großen Zen-Meisters Jôshû Jushin (778 - 897). Seine Sicht der Dinge war nun nicht mehr verfälscht durch sein Ich. Aus dieser Ichlosigkeit heraus beschreibt er Zen.

Adolf Hitler

-

Eine zen-buddhistische Betrachtung

Bibliografische Information der Deutschen Nationalbibliothek:
Die Deutsche Nationalbibliothek verzeichnet diese Publikation in der Deutschen Nationalbibliografie; detaillierte bibliografische Daten sind im Internet über http://dnb.dnb.de abrufbar.

© *2015 Ralf Scherer*

Herstellung und Verlag:
BoD – Books on Demand, Norderstedt
ISBN 978-3-7347-8543-6

Vorwort

„Keinem etwas zuleide tun, und von keinem ein Leid erdulden."

Welcher Zen-Meister hat das denn gesagt?
Adolf Hitler.

Keinesfalls möchte ich Adolf Hitler mit dieser seiner weder gebenden noch nehmenden Aussage in die Nähe eines Zen-Meisters rücken, viel mehr folgend darauf hinweisen, wie sehr die Strukturen, die Zen bestimmen, und die tatsächlich strukturlos sind, auch in der Geschichte zu finden sind, was nicht sehr verwunderlich ist, schließlich ist Zen ja die Frage „Wer ist der Mensch?" und der Mensch derjenige, der die Geschichte gestaltet.

Ich möchte mit den folgenden Ausführungen auch keine Fürsprache für Adolf Hitler halten, sondern für Mu (Absolute, Leere) und in einer engen Abgrenzung dazu beitragen, dass Mu besser verstanden wird, was die beste Prävention gegen das (Neo-)Nazitum ist.

Ralf Scherer, 2015

Kôan Mu:

Ein Mönch fragte Jôshû in allem Ernst: „Hat ein Hund Buddha-Wesen oder nicht?"

Jôshû versetzte: „Mu!"

Ausdruck findet Zen in...

... der Überwindung des Dualismus, der Vereinigung der Gegensätze, der Teile, etwa des Ja und Nein im Kôan Mu, dem paradoxen Rätsel des großen Zen-Meisters Jôshû Jushin (778 - 897), indem schließlich erkannt wird, dass das Ja das Nein ist, und damit der jeweilige Teil das Ganze.

Hitler spricht in seinen Reden oft von diesen Teilen, den zwei Welten, wenn Bürgertum und Proletariat, Nationalismus und Sozialismus, das auf die Nation Begrenzte und das Internationale, das Rechte und das Linke etc., nicht in der Lage sind, ihre Teilung zu überbrücken. So sagt er 1941:

Zum ersten Mal eine Bewegung, die von vornherein darauf verzichtete von einem bestimmten Teil der Nation in Beschlag genommen werden zu können: Keine Vertretung bürgerlicher, keine Vertretung proletarischer Interessen, keine Vertretung von Land und keine Vertretung von Stadt, ... keine Klassenpartei, insoferne sie nicht der rechten oder der linken Seite, die damals die Nation zu trennen versuchte, sich verschrie, sondern auch hier von Anfang an auch nur ein Ziel im Auge hatte, das Deutsche Volk in seiner Gesamtheit.

Keine Klassenpartei, d.h. es gibt für die nationalsozialistische Bewegung nur die eine Klasse des Deutschen.

Hitler dann weiter:

Jedes Plakat (der unzähligen Parteien) war eine Kampfansage nicht nur gegen die gegnerische Welt, sondern auch gegen die eigenen Mitgänger, gegen die eigene Welt. Von diesen beiden Richtungen konnte keine mehr rechnen, endgültiger Sieger zu werden. Damit aber trat etwas ein, was zum Verderben der Deutschen Nation führen musste, nämlich eine allmähliche Aufspaltung des deutschen Volkskörpers in zwei Welten, selbst nicht einig in sich, aber doch zwei Welten, die behaupteten miteinander niemals mehr eine innere Verbindung oder Beziehung aufnehmen zu können.

Er benennt dann das, was...

... er einzig zur Überwindung der Teilung (Aufspaltung) für geeignet hält: Deutschland. So sagt er:

Was ist das Deutsche Volk? Wir mussten damals zu einer sehr harten Definition greifen, um diese Frage zu lösen, nämlich wir mussten damals die These aufstellen: Zum Deutschen Volk ist nur der zu rechnen, der sich auch primär zum Deutschen Volk bekennt, d.h. wer primär sagt: „Ich bin Bürger", oder „Ich bin Proletarier", oder „Ich bin Bayer", oder „Ich bin Preuße", oder „Ich bin Katholik", oder „Ich bin Protestant", oder „Ich bin Radfahrer", oder irgendwas anderes, der ist eben kein Deutscher, solange er das nicht begreift.

Hitler fasst also alle Teile unter (dem „Oberbegriff") Deutschland zusammen, so auch die zwei Welten von Bürgertum und Proletariat, von Nationalismus und Sozialismus, was dann in dem Namen Nationalsozialismus seinen Ausdruck findet, ein auf die Nation begrenzter Sozialismus, kein internationaler.

Dazu Hitler:

Im wesentlichen zwei große Begriffe, die miteinander zu streiten schienen. Bürgertum auf der einen Seite, Proletariat auf der anderen, Nationalismus hier, Sozialismus dort, zwischen diesen beiden eine Kluft, von der man behauptete, dass sie nie würde überbrückt werden können.

Durch die Zusammenfassung unterwirft sich also nicht ein Teil unter den anderen, etwa der Bürger unter den Proletarier, der Bayer unter den Preußen etc., sondern alle verpflichten sich „einer neuen Idee", dem neuen, dem nationalsozialistischen Deutschland.

Weil sich keiner unter den anderen unterwirft, sondern sich alle der „neuen Idee" unterordnen, triumphiert keiner über seinen „alten Gegner". Jeder hat über den anderen gewonnen und verloren, was damit eine Gerechtigkeit erzielt, die es jedem Teil erleichtert seine Teil-Existenz aufzugeben, sich also nicht mehr primär als Bürger oder Proletarier zu bezeichnen, sondern als Deutscher, der eben Bürger oder Proletarier ist.

Auch das Kôan Mu vereint...

... indem es alle Teile, d.h. das Ja und das Nein, und damit den Gegensatz, „einem Oberbegriff" unterordnet. Ein „Oberbegriff", der aber so hoch ist, das über ihm nichts mehr steht. Dieser ist Mu.

Diese Unterordnung unter Mu, wohlgemerkt, ist nicht relativ, sondern absolut, d.h. Mu steht darüber, indem es das Ja und das Nein ist. Das Übergeordnete ist also eins mit dem Untergeordneten.

Mu ist damit nicht nur das Oberste, sondern im selben Moment das Unterste. Oder anders ausgedrückt: Mu ist Anfang und Ende, was wiederum heißt, dass Mu Gott genannt werden könnte, das Alpha und das Omega.

Nur dann also, wenn das Absolute, und damit Mu, tatsächlich gefunden ist, und so jenseits aller Ideen, Thesen und Definitionen vorgedrungen wurde, sind auch die Teile ganz (eins), d.h. alle Klassen überwunden. Nicht der Deutsche ist dann die eine Klasse, sondern der Mensch, der natürlich auch der Deutsche ist.

Für Hitler mag Deutschland also das Absolute sein, doch das Absolute darf nicht nur das Objekt, sondern muss auch das Subjekt überwinden, d.h. nicht nur für Hitler (und die Deutschen) müsste Deutschland das Absolute sein, sondern für alle Menschen, was es aber nicht ist. Warum sollte etwa für einen Kanadier Deutschland das Absolute sein?

Deutschland kann nicht das Absolute sein. Wie alle Nationen besitzt es eine tiefere Basis, die, weil Mu eben auch das Tiefste ist, nichts anderes als Mu ist.

Es kann so nicht lauten: Deutschland, Deutschland über alles, sondern nur: Mu über alles, was religiös ausgedrückt nichts anderes heißt als: Gott über alles.

Das Über, und das gilt es zu verstehen, ist aufgrund des beschriebenen Fehlens der Relativität Unsinn, denn die Menschen sind das Über. Gott weilt unter ihnen. Oder anders ausgedrückt: Alle Menschen ordnen sich der Menschlichkeit unter, doch die Menschlichkeit kennt keine Unterordnung, und so auch nicht den Untermensch.

Hitler hat damit das Absolute nicht in der zu wünschenden Tiefe verstanden. Er hätte über Deutschland hinausgehen müssen, sodass nicht nur Deutschland sein Ich ist (Rudolf Heß: *„Hitler aber ist Deutschland, wie Deutschland Hitler ist"*), sondern die gesamte Schöpfung.

Nur dann kann Deutschland Deutschland sein und seine Interessen wahrgenommen werden, indem das höhere Erkennen Deutschland und der ganzen Welt zugute kommt. Nicht am deutschen Wesen soll also die Welt genesen, sondern am Buddha-Wesen (Mu).

Das ist das tatsächliche „Deutschland den Deutschen", wie auch die Ablehnung Deutschlands ein untergeordneter Vasallenstaat zu sein, der von außerhalb seiner selbst regiert wird, kurzum, die höchste Souveränität eines Staates.

Wohl aber hat Hitler verstanden, dass...

... es etwas Höheres geben muss, um Teile zu vereinen. Er hat ebenso verstanden, dass nur so die Vielgestaltigkeit, also die edle Vielfalt, erhalten wird.

So sagt Hitler 1938:

Wir wollen gar kein einheitliches Bild in dem Sinn haben, dass etwa nun alle deutschen Landschaften nun plötzlich gleichförmig uniformiert werden. Das wollen wir ja gar nicht. Im Gegenteil, wir lieben gerade die Vielgestaltigkeit unserer großen deutschen Heimat. Die lieben wir. Wir lieben es, dass in diesen verschiedenen Landschaften dieser Reichtum an eigenartigem Leben besteht, das lieben wir. Wir wollen aber, dass dieser Reichtum an Eigenart nicht entwertet wird durch eine nationalpolitische und weltanschauliche Zersplitterung. Sondern im Gegenteil, wir wünschen, dass durch die Form unserer Volksgemeinschaft dieser Reichtum die Voraussetzung zu seinem Blühen erst bekommt. Dass die Vielgestaltigkeit dadurch überhaupt erst ermöglicht wird, das wünschen wir. Daher haben wir ja auch niemals daran gedacht etwa einen Einheitsstaat aufzubauen etwa vom Typ Frankreich, sondern im Gegenteil wir wollen dieses reiche Leben in all unseren deutschen Reichsgauen und -ländern haben.

Je mehr das Absolute erkannt wird, also das Absolute die Heimat des Menschen ist, religiös ausgedrückt der Mensch in Gott wohnt, umso vielfältiger ist diese Heimat. Dies ist das Gegenteil der Gleichmacherei und des Zentralismus.

Des weiteren hat Adolf Hitler verstanden, dass...

... die Teile, die nicht unter dem Höheren vereint sind, sich gegenseitig blockieren (bedingen) und jeder dieser Teile mit dem Status Quo der Bedingtheit (Relativität) zufrieden ist, weil sie darin ihre eigene Existenz begründen. Sie stehen so der Bedingungslosigkeit, und damit dem Absoluten, im Weg. Die Teile leben von der Spaltung eines Landes, eine parasitäre, egoistische Existenz.

Dazu Hitler 1941:

Und es war nun eines klar, die Methode konnte nun nicht die sein, dass wir Besuche machten, einen Besuch bei der Deutschnationalen Partei, einen Besuch bei der Deutschen Volkspartei, einen Besuch beim Reichszentrum, einen anderen Besuch bei der Bayerischen Volkspartei, und dann einen Besuch bei der Mehrheits-Sozialdemokratie, und einen anderen Besuch bei der USPD, und dann bei der KPD, bei der Kommunistischen Arbeiterpartei, bei den Syndikalisten, um diesen Leuten vorzutragen: „Hört ihr, seid doch vernünftig, ihr müsst euch zusammenschließen. Wir haben das eingesehen, das ist notwendig, es muss eine große Gemeinschaft gebildet werden. Nur unter der Voraussetzung kann Deutschland wieder frei werden, wenn wir alle Kräfte vereinen", die hätten gesagt: „Schauen Sie, dass Sie hinauskommen. Sind Sie wahnsinnig geworden? Wir leben ja doch von der Zersplitterung, Herr, das ist doch unsere Existenz. Wir haben 46 Parteien, das gibt 46 Parteisekretäre, Herr, wovon sollen die leben? Das gibt zahllose weitere Funktionäre, wie soll unsere Presse denn existieren, wenn sie nicht gegeneinander schreibt? Davon leben wir. Das ist die Existenzgrundlage unseres Daseins. Wenn wir keine Syndikate mehr besitzen und auf der anderen Seite keine Gewerkschaften, wo kommt dann unser Kampf hin? Da hört sich alles auf, da können wir zupacken dann. Dann werden die ohne uns fertig.

Wenn Teile (einer Gesellschaft) also berechtigt sein sollen, dann müssen sie bedingungslos sein. Sie müssen aus sich heraus bestehen. Oder anders und religiös ausgedrückt: Gott hat kein Problem damit (für Gott) zurückzutreten. Sein Anhaften („Kleben am Stuhl") ist nicht egoistisch.

Interessant ist im Kontext zu Zen auch...

... Hitlers Ablehnung des Intellekts. So sagt er ebenfalls 1941:

... Im Gegenteil, wir haben damals geradezu die Notwendigkeiten vertreten, einen großen Teil besonders

unserer intellektuellen Schichten bewusst abzustoßen, um mit ihnen nicht belastet zu werden. Denn vor uns stand letzten Endes die Aufgabe das Volk zu gewinnen, nur mit dem Volk war letzten Endes diese Bewegung wirklich aufzubauen. Das Volk allein brachte das Gemüt mit, und das Herz mit, das gläubige innere Empfinden, das damals wichtiger war als der sogenannte glühende Verstand, der ewig herumirrt, von einer Erkenntnis zur anderen hin schwebt, so wie ein Schmetterling von einer Blume zur anderen. Was wir brauchten, das waren Menschen, die wenn sie einmal sich entschieden hatten, dann auch blieben, und diese Menschen haben wir mehr gefunden in der breiten unverdorbenen Masse unseres Volkes, als in den über-intellektualisierten Schichten, dort wo der weitreichende Verstand das Entscheidende zu sein schien.

Auch Zen sieht nicht in dem Intellekt, sondern in dem Herz das Entscheidende. Zen versteht aber, dass dieses Herz sehend ist und nicht blind folgt. Es sieht ohne zu sehen.

Ein letzter Punkt, den ich mit den Augen von Zen betrachten möchte...

... ist, wie Hitler es nennt, die Auslese (Auslöse) aus dem Kampf. Es geht um die Frage, wie eine Entscheidung unter Menschen herbeigeführt werden soll. Angenommen 10 Menschen unterschiedlicher Meinung sprechen miteinander zu einem Thema. Soll die Entscheidung durch Abstimmung erzielt werden? Meist

ist dies in unserer heutigen Welt so, dass etwa gesagt wird, wenn mehr dafür sind als dagegen, so ist die Entscheidung getroffen. Doch darin liegt ein Problem.

Das Problem heißt Mu, ein gewaltiges Problem.

Warum? Weil über Mu nicht abgestimmt werden kann, Mu also nicht zur Wahl steht. Es steht nicht zur Wahl, weil es absolut ist, also nur das Eine ist, d.h. einzig Mu ist tatsächlich alternativlos, weil auch das Andere das Eine ist. Es gibt, religiös ausgedrückt, keine Alternative zu Gott.

Würden die 10 Menschen also über Gott abstimmen, so ist diese Abstimmung hinfällig, egal welche Mehr- oder Minderheit, ob 8 zu 2 oder 4 zu 6, für oder gegen Gott stimmen. Er kann auch nicht abgewählt werden, weil die Abwahl Gott ist.

Nur weil also 8 von 10, und damit eine Mehrheit, in einer Abstimmung sagen, dass etwa die Frau in die Küche an den Herd gehöre, muss dies noch lange nicht so sein, d.h. die Abstimmung hat nicht die Wahrheit (Mu, Gott) gefunden.

Vielleicht sagt hier jemand...

... „Na, das mit der Frau und der Küche, das ist ja klar". Nein, dies gilt, auch wenn es schwierig zu erkennen sein mag, für alle Themen, weil Mu (Gott) alle Dinge ist. Nur Mu ist offensichtlich. In dem Beispiel mit der Frau würde durch die Abstimmung eine falsche Auslese stattfinden.

Hitler hat diese Problematik erkannt und setzt der Abstimmung die Auslese aus dem Kampf als „wirklich gestaltenden Faktor" entgegen, also nur das, was durch den Kampf übrig bleibt, hat bewiesen, dass es die Auslese ist, eben weil es stark genug war, übrig zu bleiben. So Hitler 1938:

An die Stelle aller dieser Gedankengänge marxistischer oder bürgerlicher Welt, die in den Mittelpunkt ihrer Betrachtungen immer bestimmte Theorien oder Dogmen stellten, da stellten wir anstelle dessen in den Mittelpunkt all unserer Betrachtung hinein das Wesen eines Volkes vorweg, seine blutbedingte Bestimmung, seine Herkunft, und seine ihm wahrscheinlich vom Schöpfer zugewiesene Mission. Wir stellten hinein die ewige Bedeutung des Bodens, des Lebensraums, wir stellten dann weiter hinein die Bedeutung des Ausleseprozesses durch den Kampf als den wirklich gestaltenden Faktor, und endlich wir stellten hinein an die Stelle aller dieser Auffassungen von demokratischen Majoritäts-Entscheidungen usw. die Bedeutung des ewig Persönlichen, der Verantwortung, der Verantwortungsfreudigkeit, überhaupt die Auslöse der Person aus dem Kampf.

Doch auch hier dringt Hitler nicht weit genug durch. In den Mittelpunkt aller Betrachtung muss Mu, weil Mu der Mittelpunkt ist, d.h. der Kampf muss das Ringen (Bemühen) um Mu sein.

Weil in Mu aber kein Gegen besteht, sondern alle Dinge eins sind, findet dieser Kampf nicht statt. Gegen wen auch, wenn es doch kein Gegen gibt? Der Kampf mit Mu ist also ein Nicht-Kampf.

Nur dieser Nicht-Kampf bestimmt denjenigen, der näher an der Menschlichkeit liegt und erzeugt damit den wahren, den gerechten Sieger.

Nur dieser Nicht-Kampf ist die tatsächliche Auslese aus dem Kampf: Eine gewaltlose Aussortierung, eine gewaltlose Lösung, eine gewaltlose Entscheidung. Eine Entscheidung (Unterscheidung), die nicht entscheidet, sondern eine, in der das Nicht (Mu) entscheidet.

Nur dieser Nicht-Kampf ist der gestaltende Faktor, der dem Formlosen eine Form gibt. Mu ist damit weder Theorie noch Dogma, sondern die Wirklichkeit.

Der Abstand...

... zu Mu bestimmt also die Führung, nicht die Abstimmung, nicht die Wahl. Es wird in dieser Führung damit das getan, was (im Sinne der Menschlichkeit) zu tun ist, und nicht das, was eine Mehr- oder Minderheit als notwendig erachtet, was meist zu einem die Wahrheit beeinträchtigendem Kompromiss führt, einer Halbheit, wo tatsächlich doch nur die Ganzheit (Mu) der Kompromiss sein darf, was Hitler wiederum verstand:

Mit anderen Worten, es war (aufgrund der unzähligen Parteien) ja überhaupt unmöglich irgendeine Auffassung durchzusetzen, nur auf dem Kompromissweg konnte immer irgendein Kompromiss ausgehandelt werden, d.h. aber von vornherein niemals eine lösende oder rettende Tat, sondern immer konnte nur wieder eben eine Halbheit geboren werden.

Die in Mu liegende Problematik der Wahl-Unmöglichkeit hat enorme Auswirkung auf jede Staatsform, die auf Wahlen basiert, nämlich dass Teile auf dem Kompromissweg, also basierend nur auf der Halbheit zueinander finden müssen (Koalition) oder dass die Teile (Parteien) derart gleich sind, dass der Wähler gar keine Wahl hat, weil kein Unterschied der zu Wählenden erkennbar ist. Beides steht den erforderlichen Entscheidungen einer Gesellschaft entgegen.

Wie aber muss dann eine wirkliche, eine wahre Staatsform aussehen? Etwa wie eine Diktatur? Oder eine absolutistische Monarchie? Nein, die wahre Staatsform ist eine, die zustande kommt, indem die Menschen ein für allemal die Freiheit wählen. Sie haben die Wahl abgewählt und durch die Freiheit ersetzt.

Man könnte diese Staatsform eine Nicht-Anarchie nennen, also ein Staat ohne Führung (Führer). Ohne Führung heißt, das Ohne, und damit die Leere, die Mu (bzw. die Menschlichkeit) ist, führt. Jeder einzelne Mensch ist dann der gesamte Staat.

„L'État, c'est moi!" (frz., Übers. „Der Staat bin ich!") eines (wenn auch fälschlicherweise zugeschriebenen) Ludwig XIV. gilt in dieser formlosen Staatsform also nicht nur für den Herrschenden, sondern für jeden, d.h. jeder Mensch herrscht. Das ist die unmittelbare Herrschaft des Volkes, die höchste Demokratie, wie auch die höchste Identifikation des Einzelnen mit dem Staat.

Abschließend: Warum ist ein Mensch...

... der durch seinen Lebensweg Erkenntnisse erhält, nicht in der Lage, diese als allgemeingültiges Prinzip auf alle Bereiche des Lebens zu übertragen? Das kann ich nicht verstehen.

Wenn Adolf Hitler also verstand, dass in der Vereinigung der Gegensätze, etwa von Bürgertum und Proletariat, die Lösung liegt, und in diesem Verstehen sicherlich auch seine Überzeugungskraft und politischer Aufstieg, warum war er dann nicht in der Lage zu verstehen, dass diese Vereinigung für alle Menschen gilt, sich eine Rassenfrage also gar nicht stellt? Auch nicht gegenüber dem jüdischen Menschen.

Was es zu vernichten galt, war also nicht der Jude, sondern der Egoismus, der aber nicht die Eigenschaft alleine des Juden, sondern jedem Menschen zu eigen ist, d.h. der Jude hat mit dieser Eigenschaft so viel als so wenig zu tun, wie jeder andere Mensch auch.

Diesen an sich bestehenden Egoismus, so scheint es, hat Hitler tragischst mit den Juden verwechselt, denn es ist ja sein ständig wiederholter Vorwurf an sie, einzig an der Spaltung einer Gesellschaft interessiert zu sein, also die Gegensätze weiter voneinander zu entfernen, was nichts anderes wäre als das Ich zu erhöhen, weil der Abstand der Gegensätze das Ich ist.

Vielleicht konnten meine Ausführungen zum besseren Verständnis von Mu beitragen und auch aufzeigen, wie wichtig die Tiefe ist, Dinge zu betrachten, so wie Zen-Meister Bassui Tokusho (1327 - 1387) es unmittelbar vor seinem Tod gegenüber seinen Anhängern aussprach: *„Lasst euch nicht irreführen! Schaut genau her! Was ist das?"*

Das tiefe Bemühen um Mu, und die damit verbundene Klärung der Frage „Wer ist der Mensch?", ist das beste Mittel, um Radikalität (Extremismus) von links und von rechts zu verhindern und den Menschen in seiner Mitte (Balance) zu halten.

Ralf Scherer

Ralf Scherer im BoD-Verlag

„Kôan Mu des Jôshû", Erfahrungsbericht und Einordnung (2015)

„Texte, basierend auf Mu", Ein Zen-Buch (2014)

„Alles, was ich weiß, ist Gott", Zen in Frage und Antwort (2014)

„Der Liebende ist kein Sünder", Zen-Erfahrungen (2010)

Website

Ralf Scherer betreibt die zen-buddhistische Website:

„Es (abs.), Nicht"

https://sites.google.com/site/esabsnicht